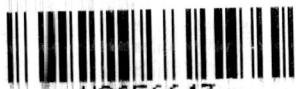

休休文庫

羅振玉 羅福頤 編著

出　品　休休文庫
策劃主編　鄭伯象

貞松堂吉金圖·羅振玉藏器

卷下

國家圖書館出版社

貞松堂吉金圖

貞松堂吉金圖卷下

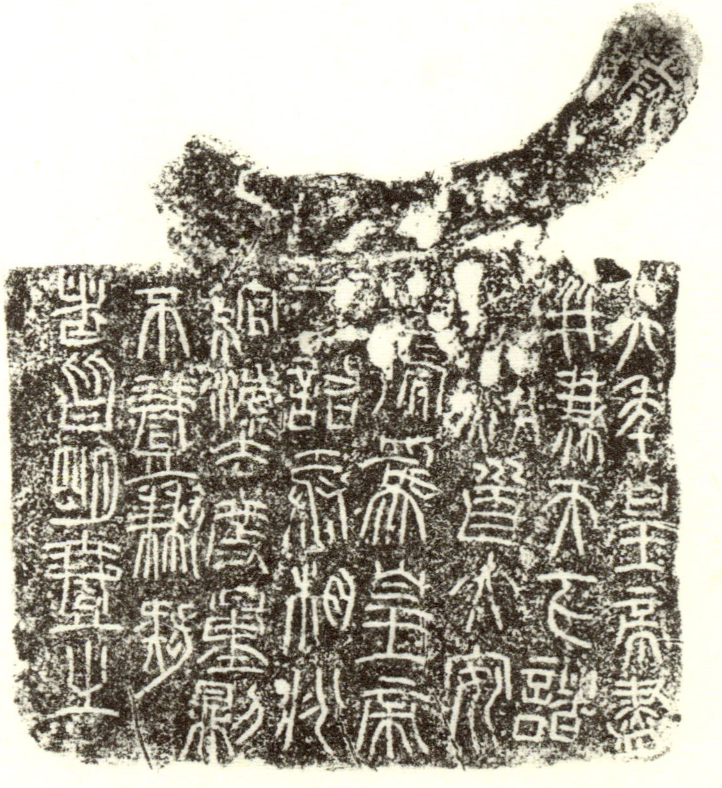

尺

陽共廚銅鼎一合容一斗并重十

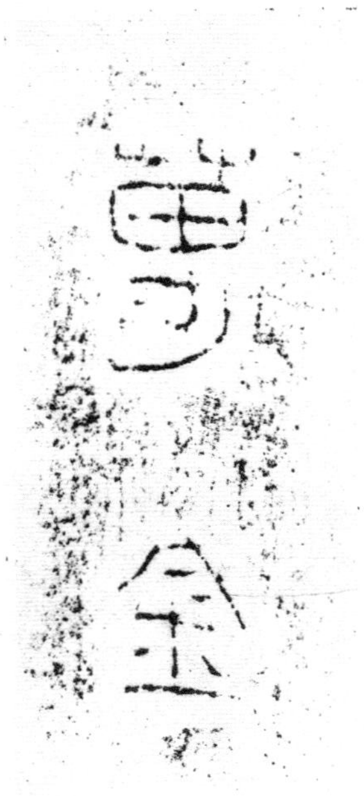

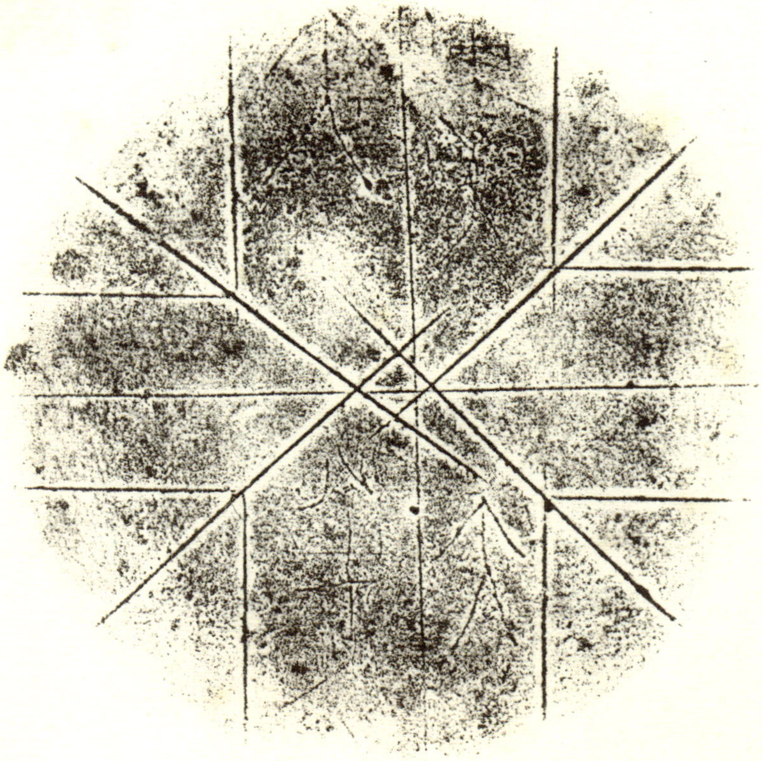

壽昌宮四千介平重廿斤三兩劉

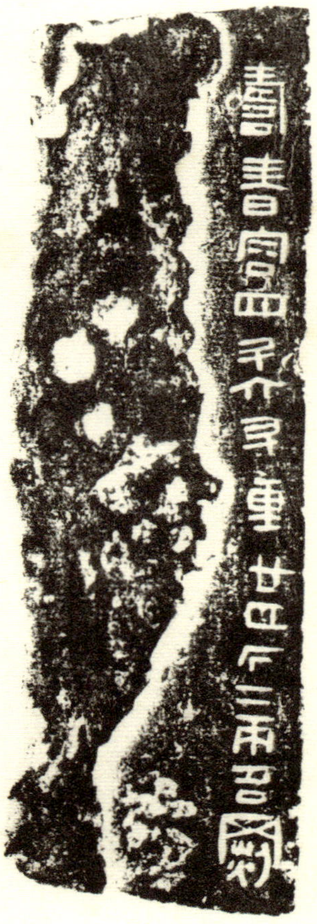

蘭宮

常明

十九年大良造鞅之造銅殳鈚童二氏十三斤八兩

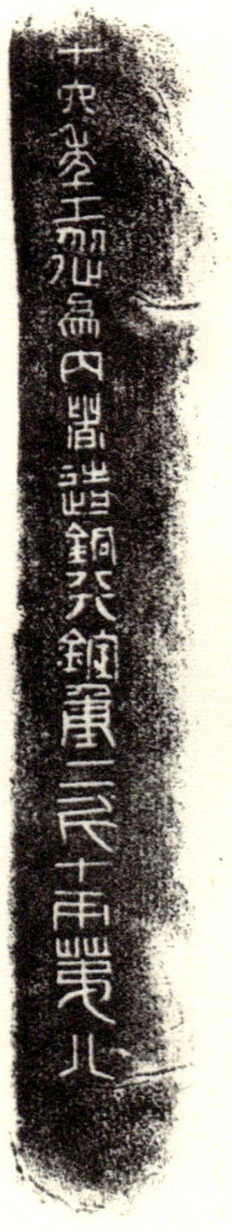

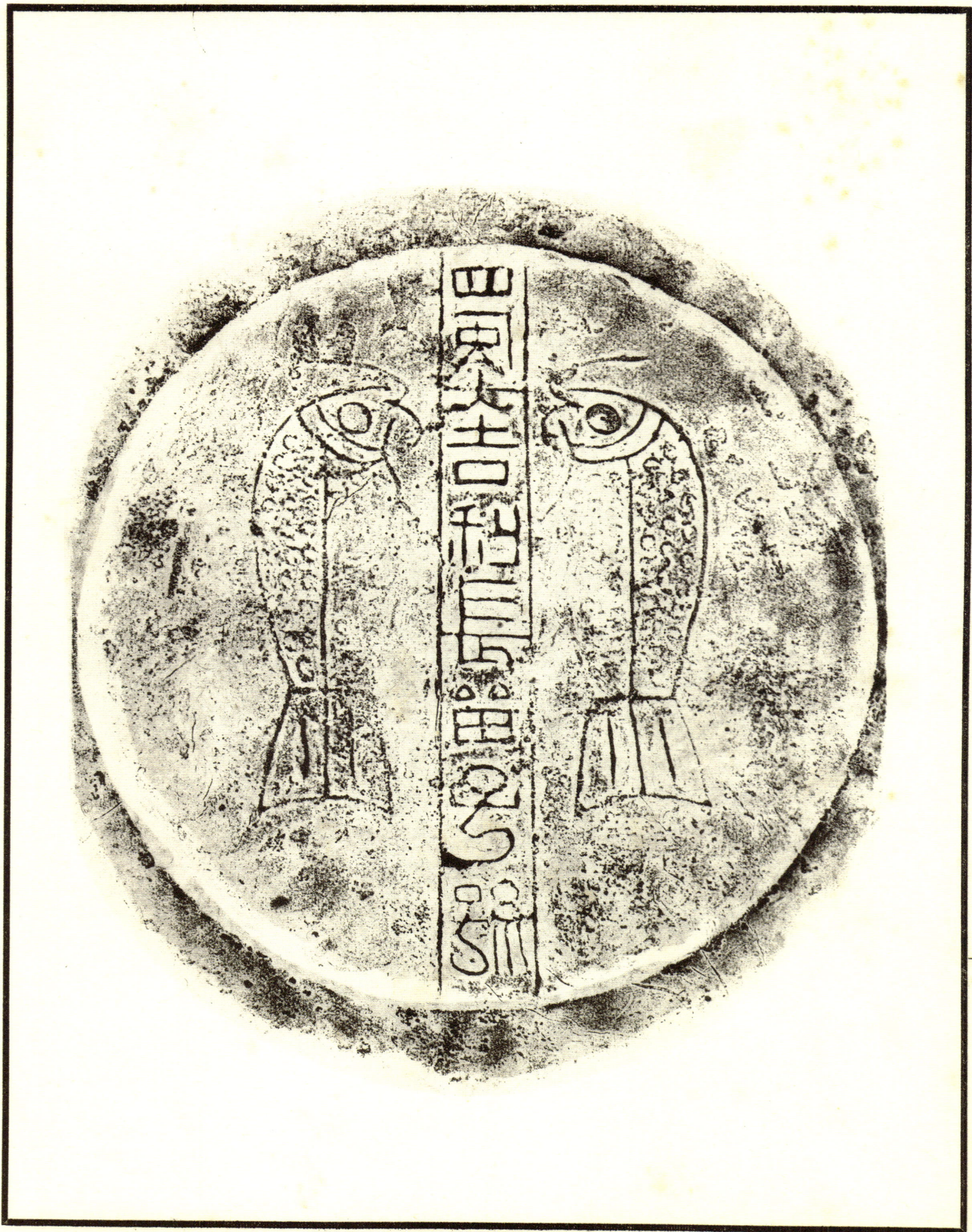

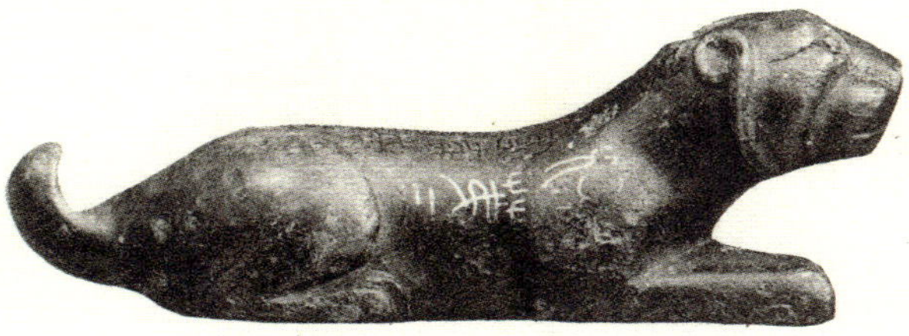

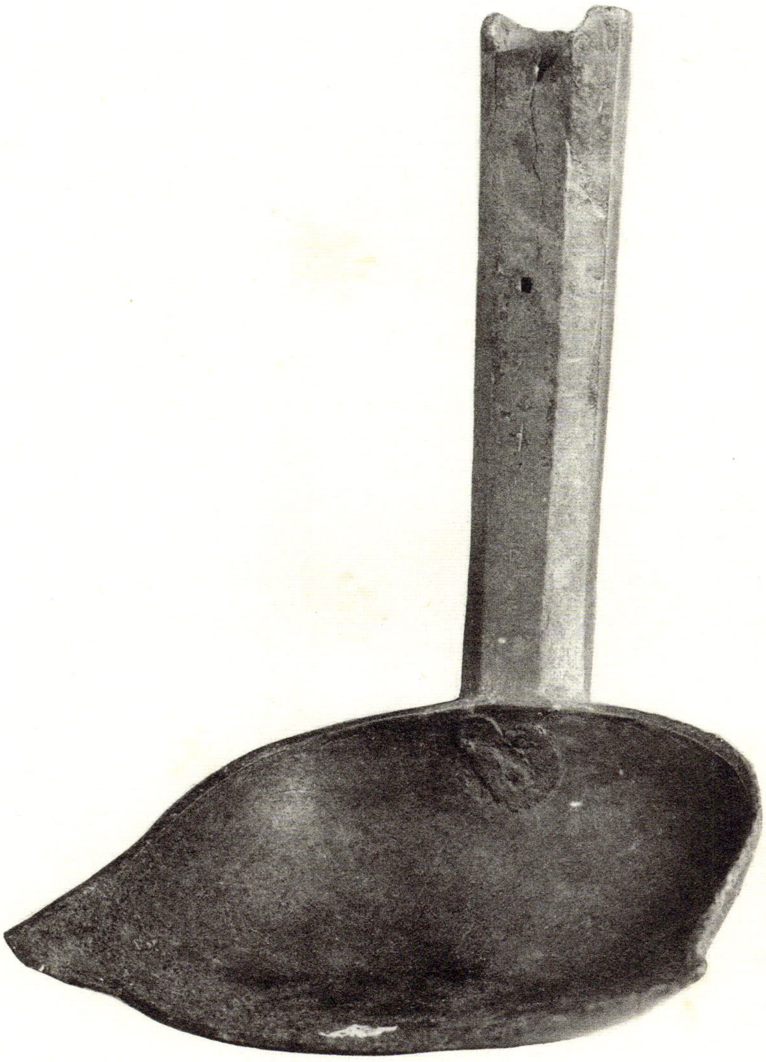

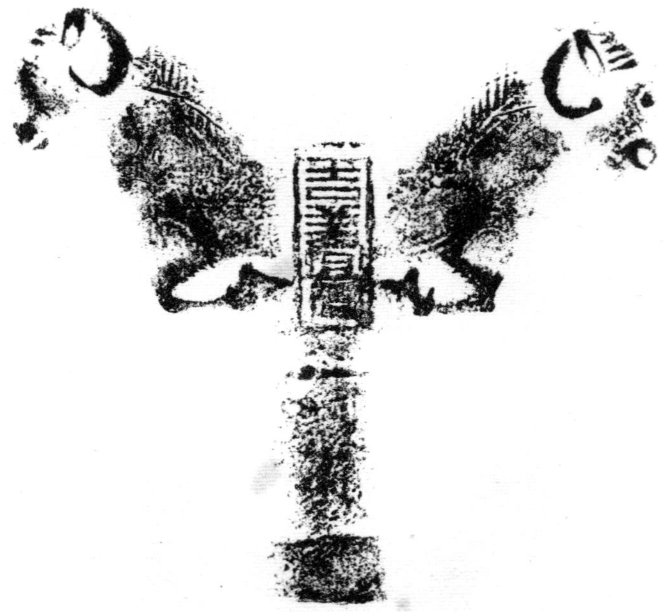

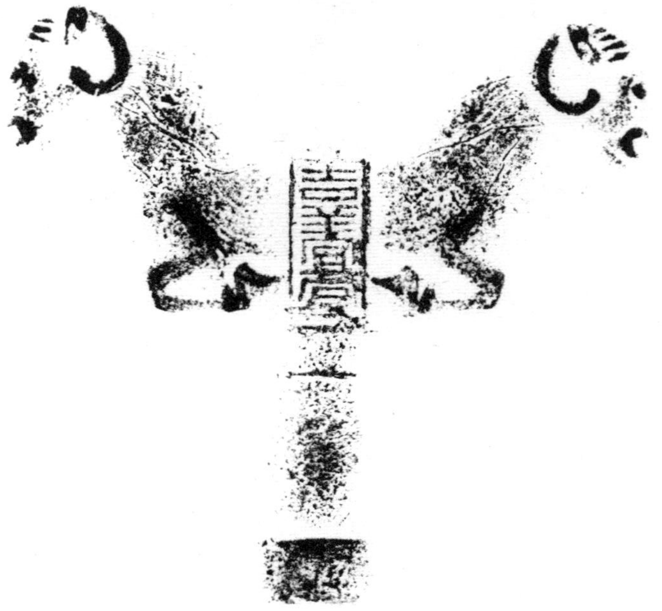

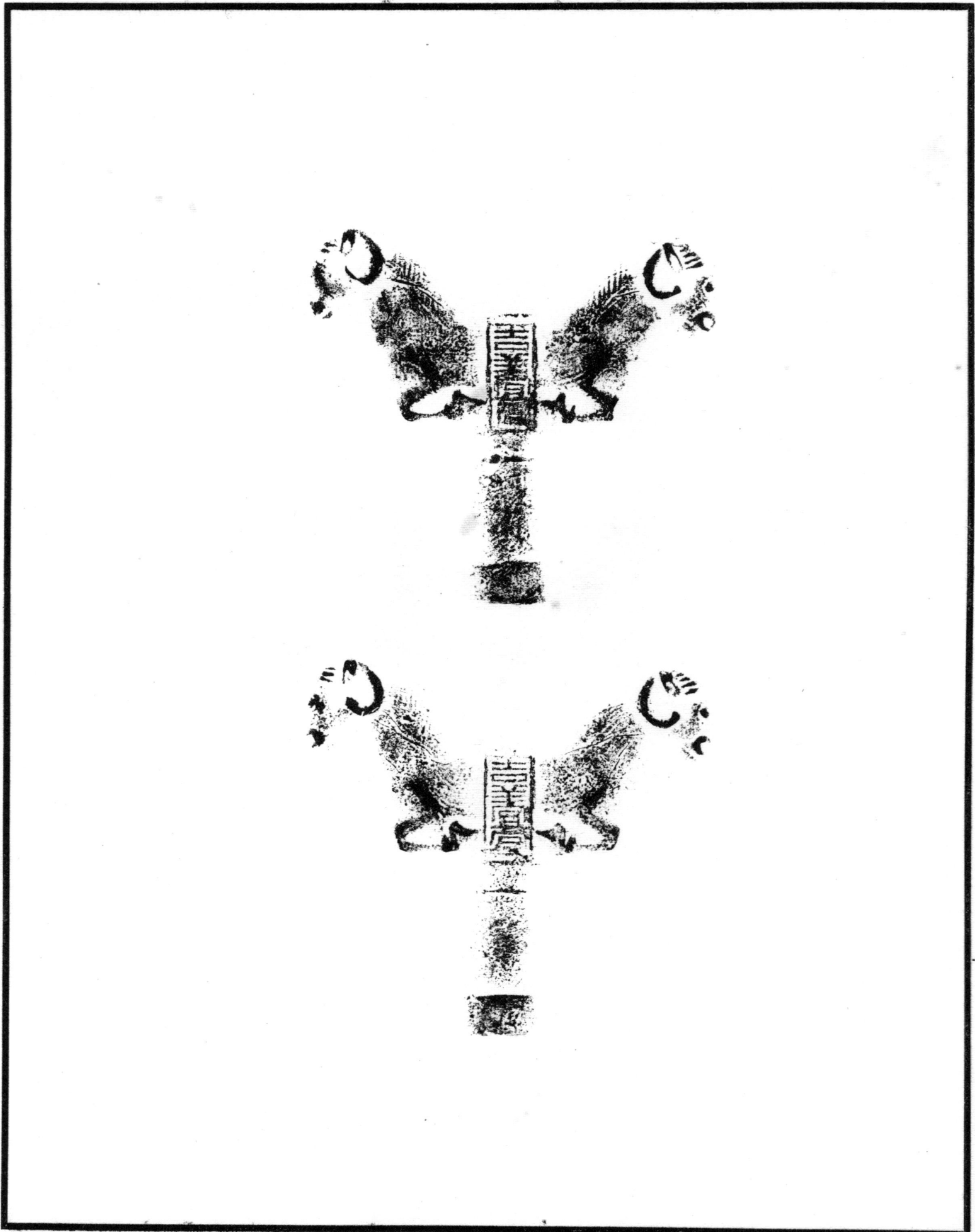

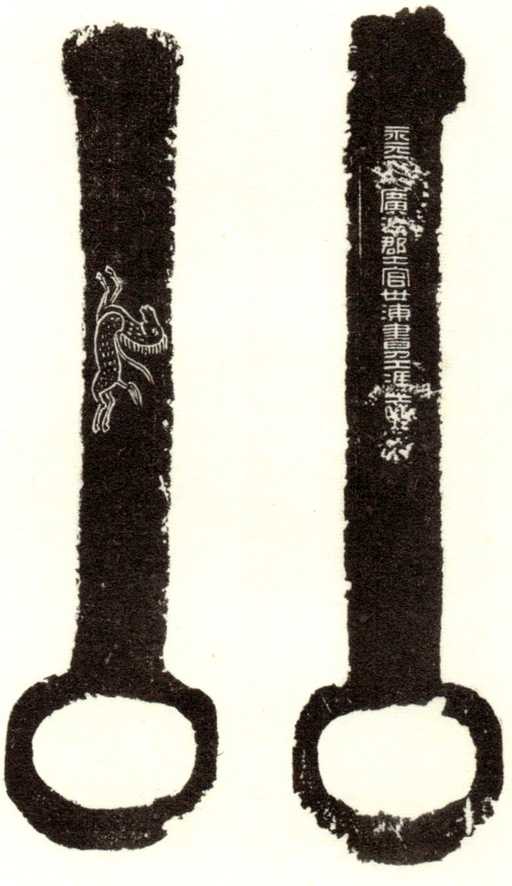

廣陵

祖造護王吏兒區京承至

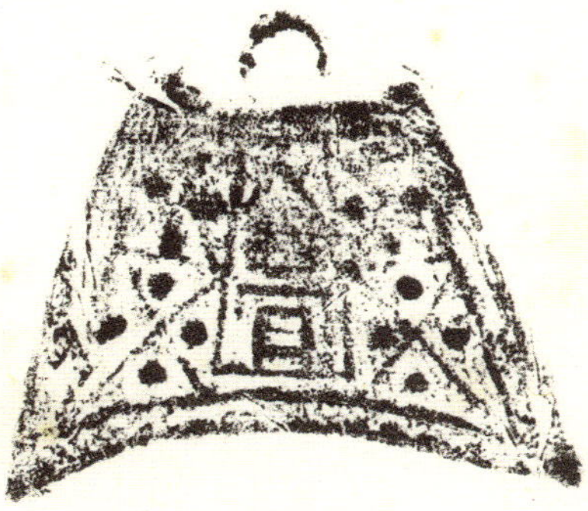

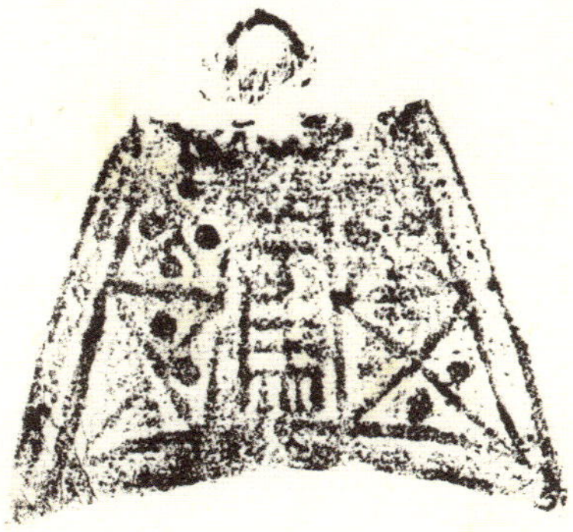

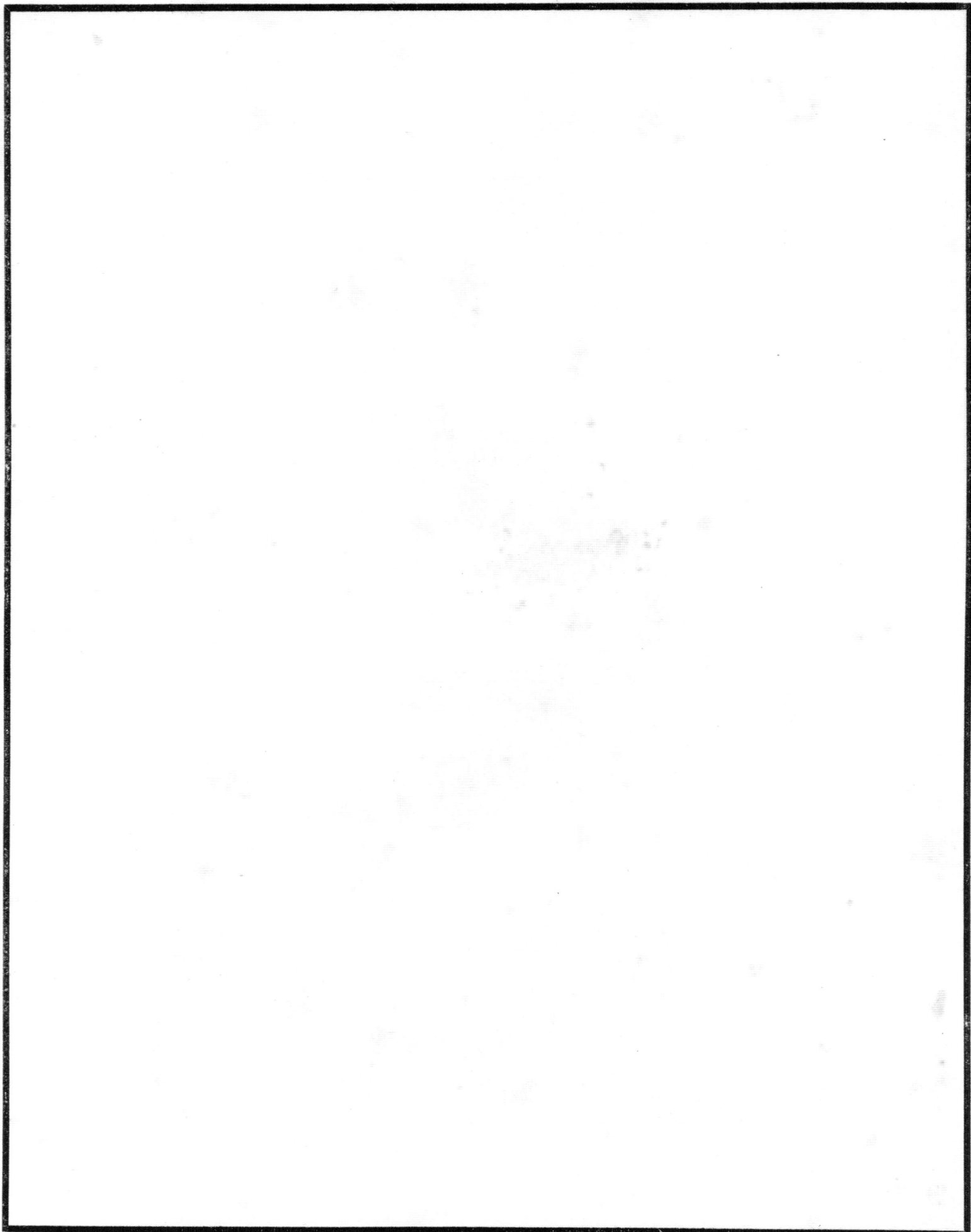

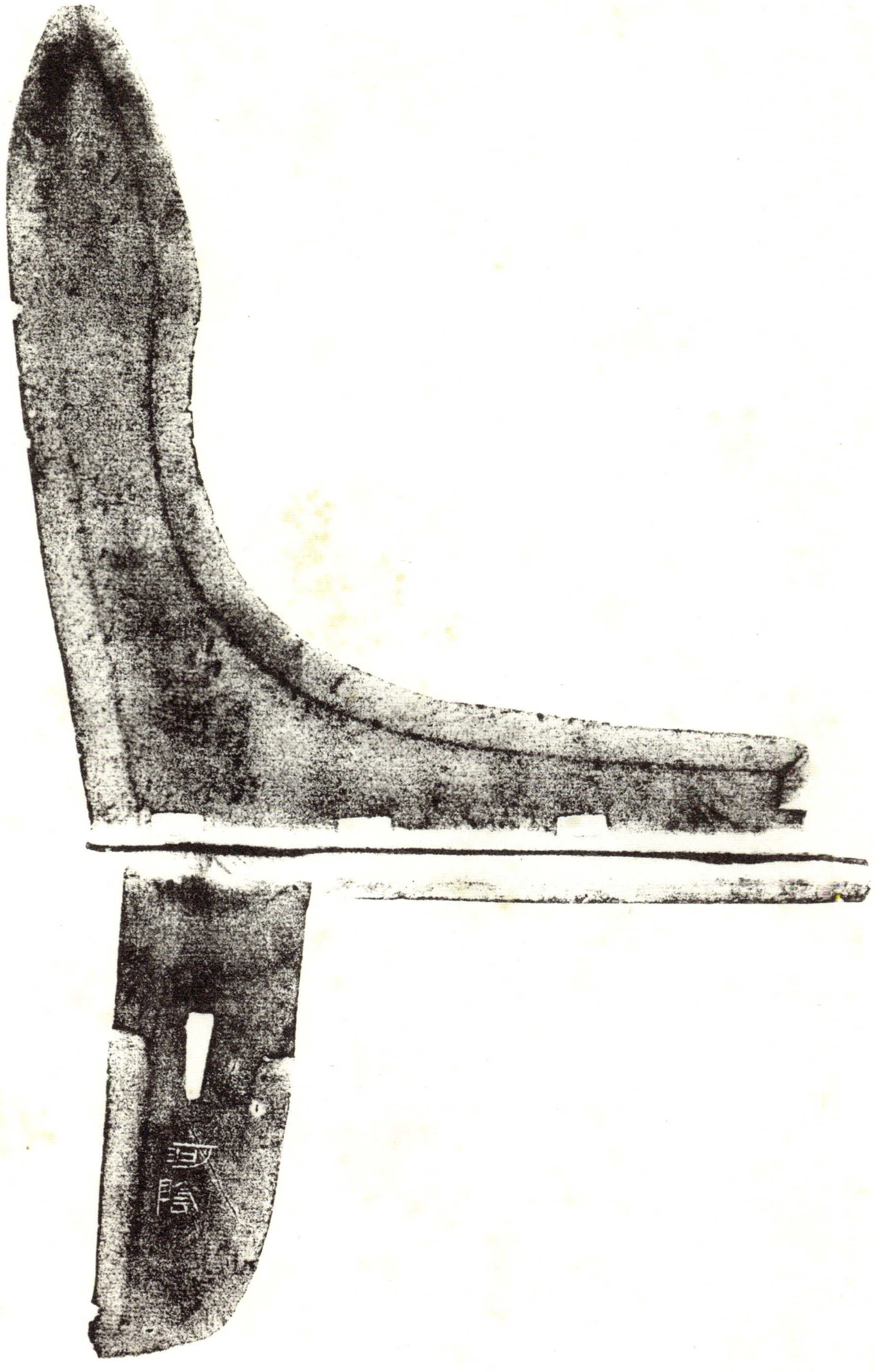

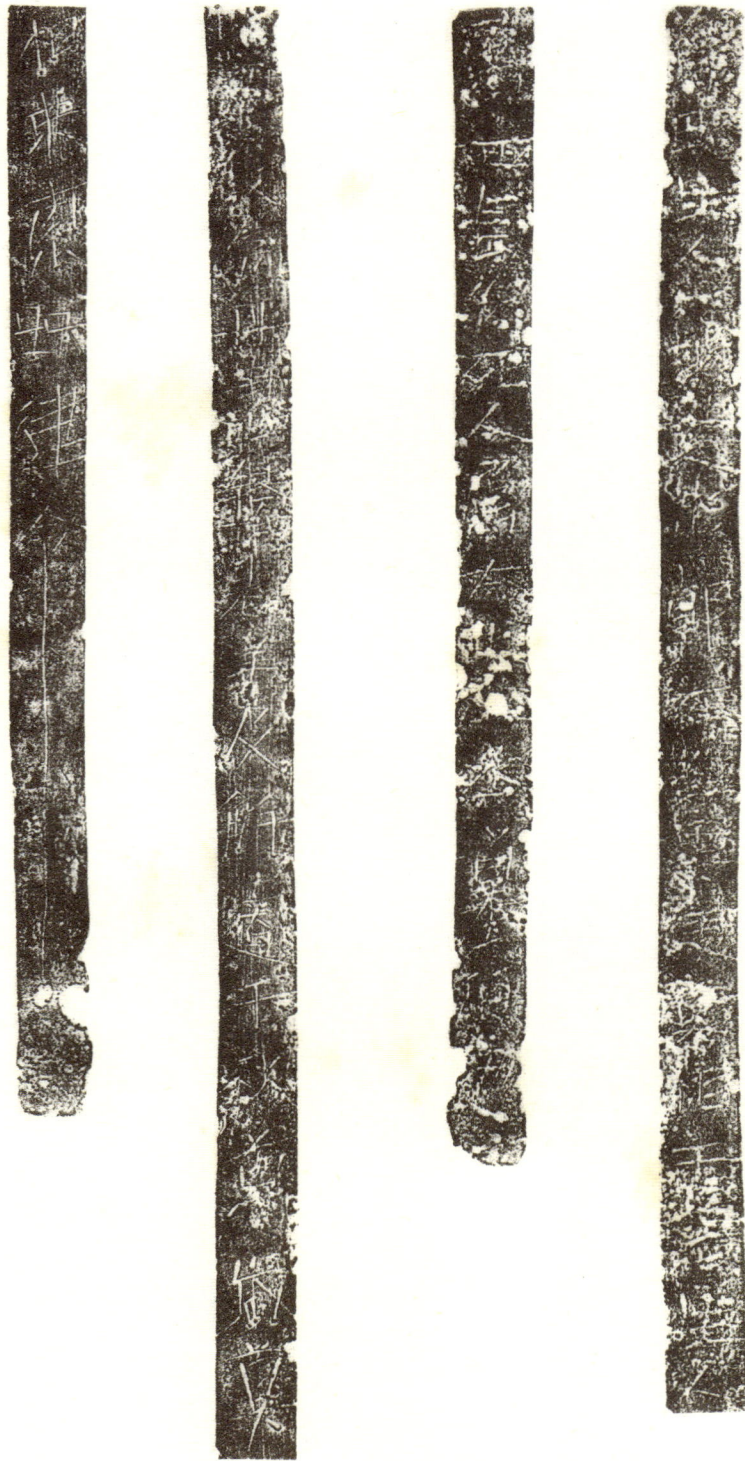

永元元年七月右官冶陽和光

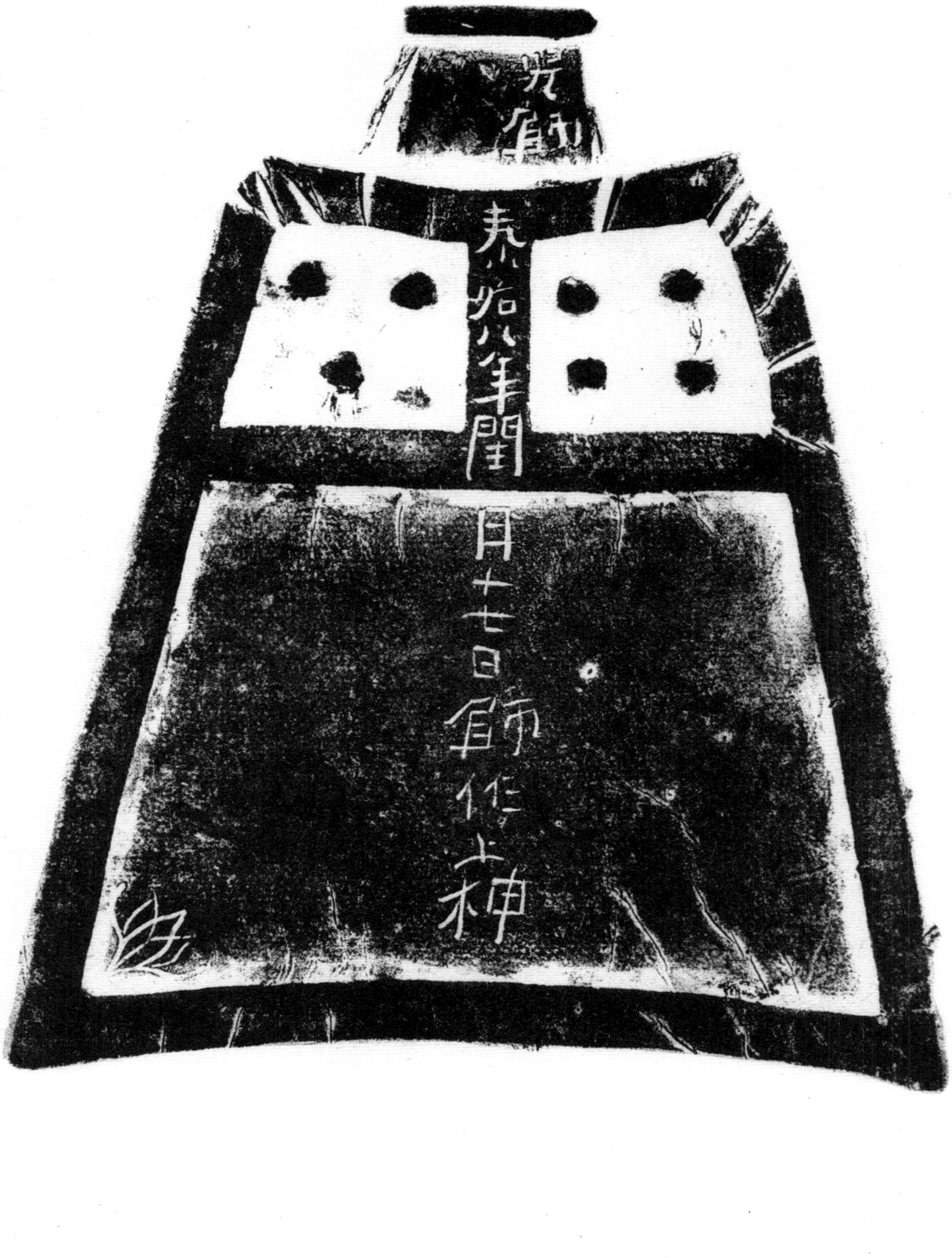
泰始八年閏月十七日

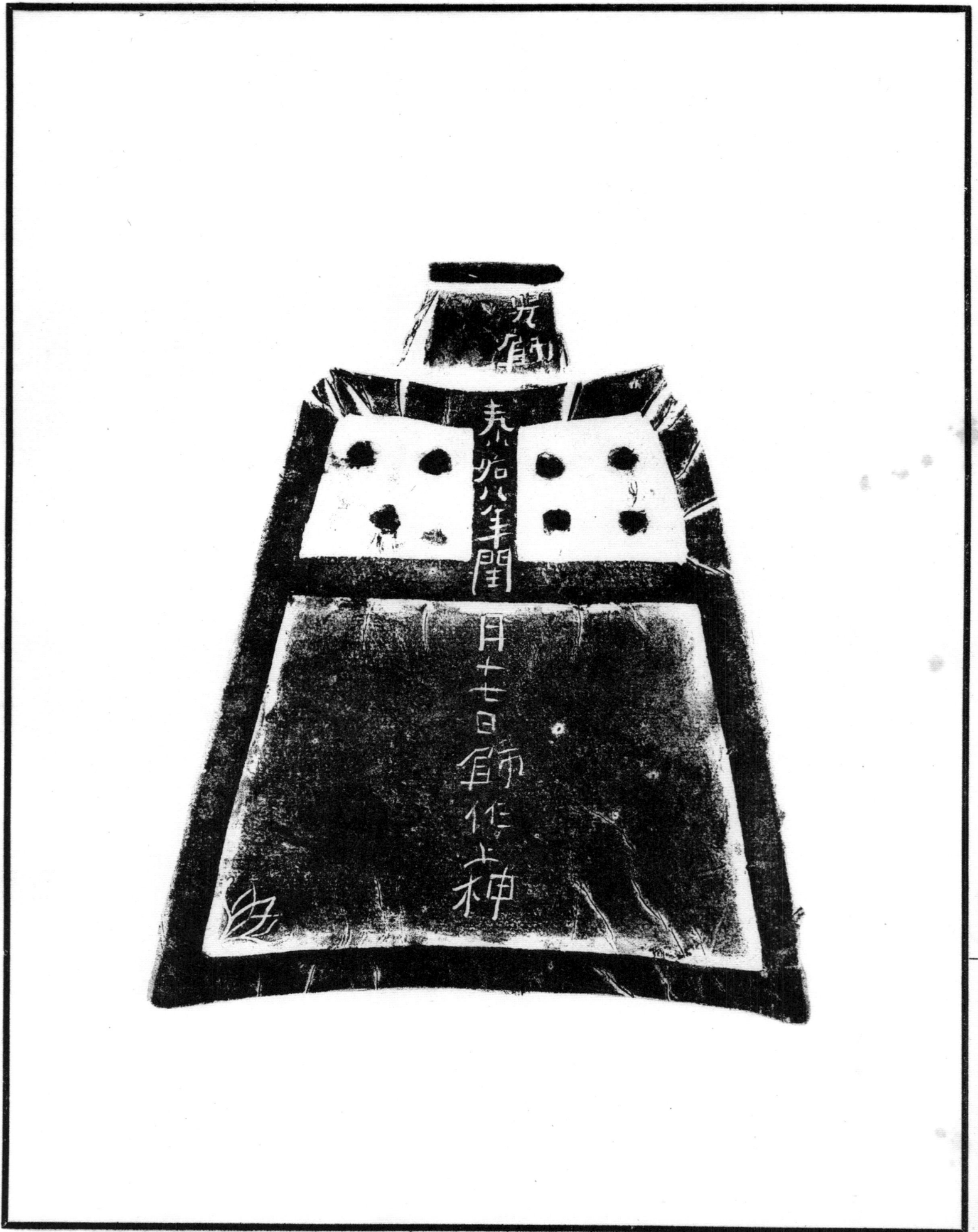

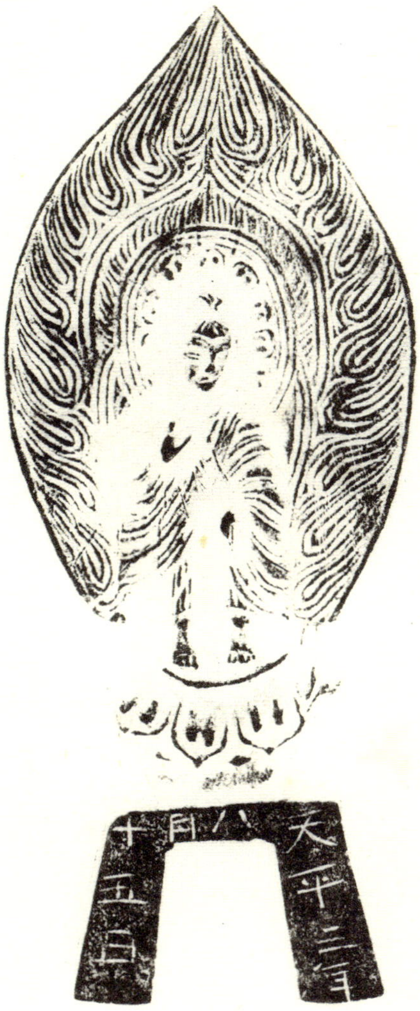
天平三年八月十五日

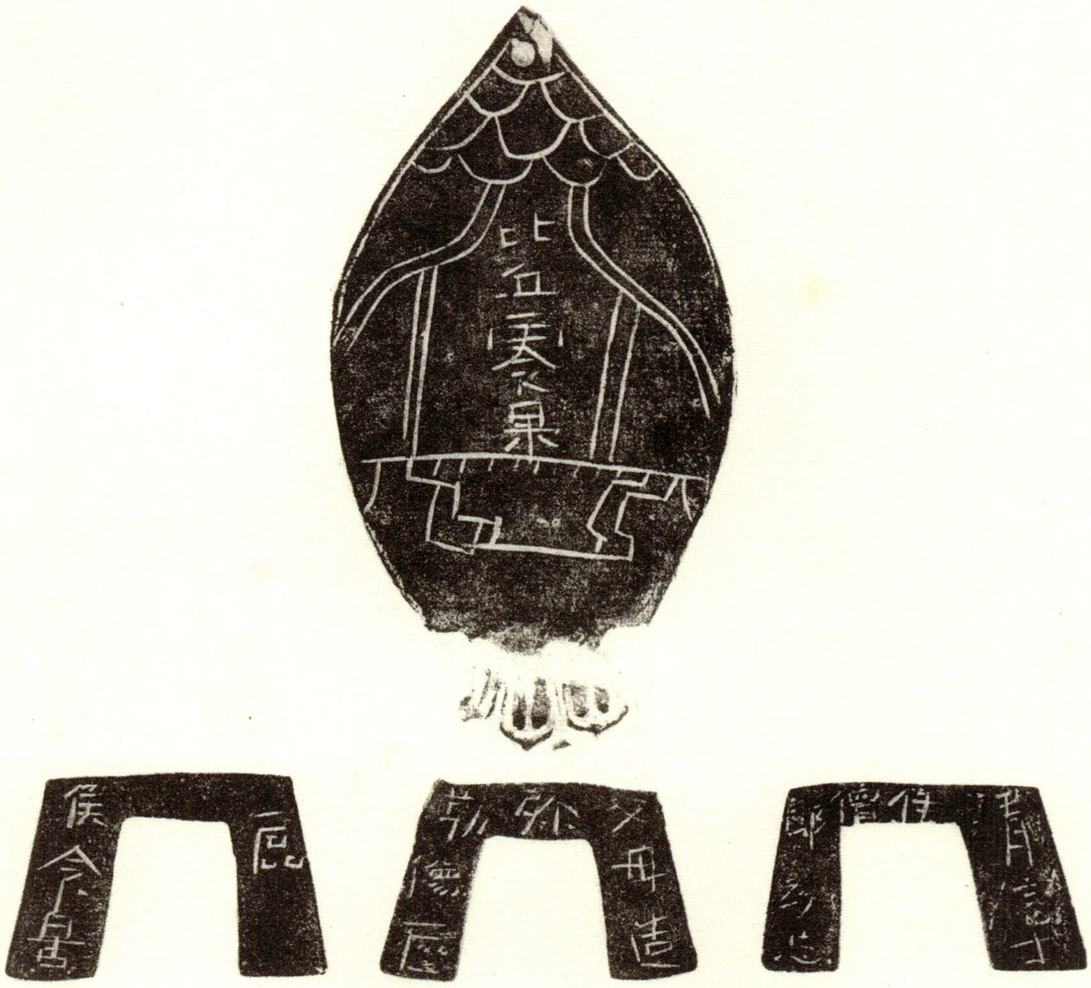

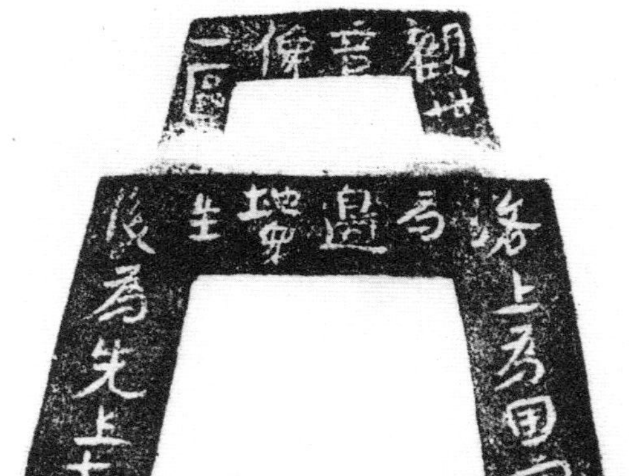
觀世音像一區
洛上爲田家下
爲亡過嬰生
後爲先亡七世

父母現存眷
屬毋病
長壽敬造
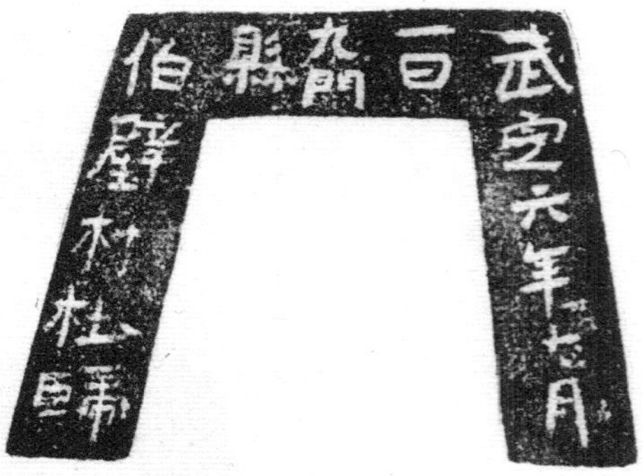
武定六年七月
一日齊縣
伯辟村杜歸

天保四年二月十三日滄州樂
陵郡陽信縣佛弟子李
普像佛為亡父敬造觀
世音一軀願居家眷屬
永度灾難恒与善俱值
佛聞法

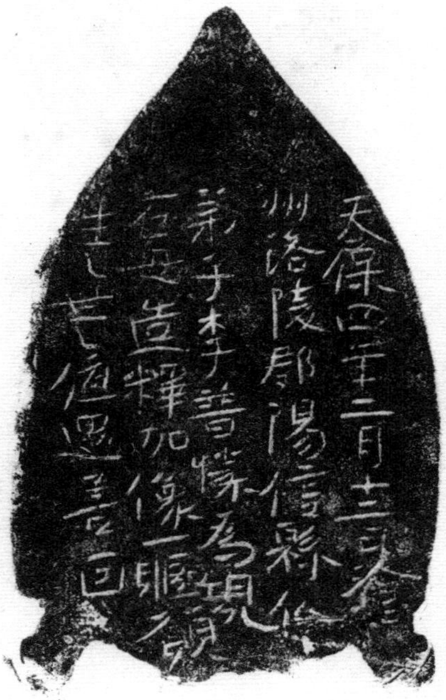
天保四年二月十三日滄
州洛陵郡陽信縣人
弟子李普憐為現
在父母造釋迦像一軀合

維大齊乾明元年歲次
庚辰正月癸丑朔四日佛
弟子郝景尚兄弟等為
亡考過世願託生西方
妙樂國土敬造釋迦象
一軀為國祚永隆七世父
母所生父母因緣眷屬
有生之類同登正覺

河清二年
四月廿六日
清信仕佛

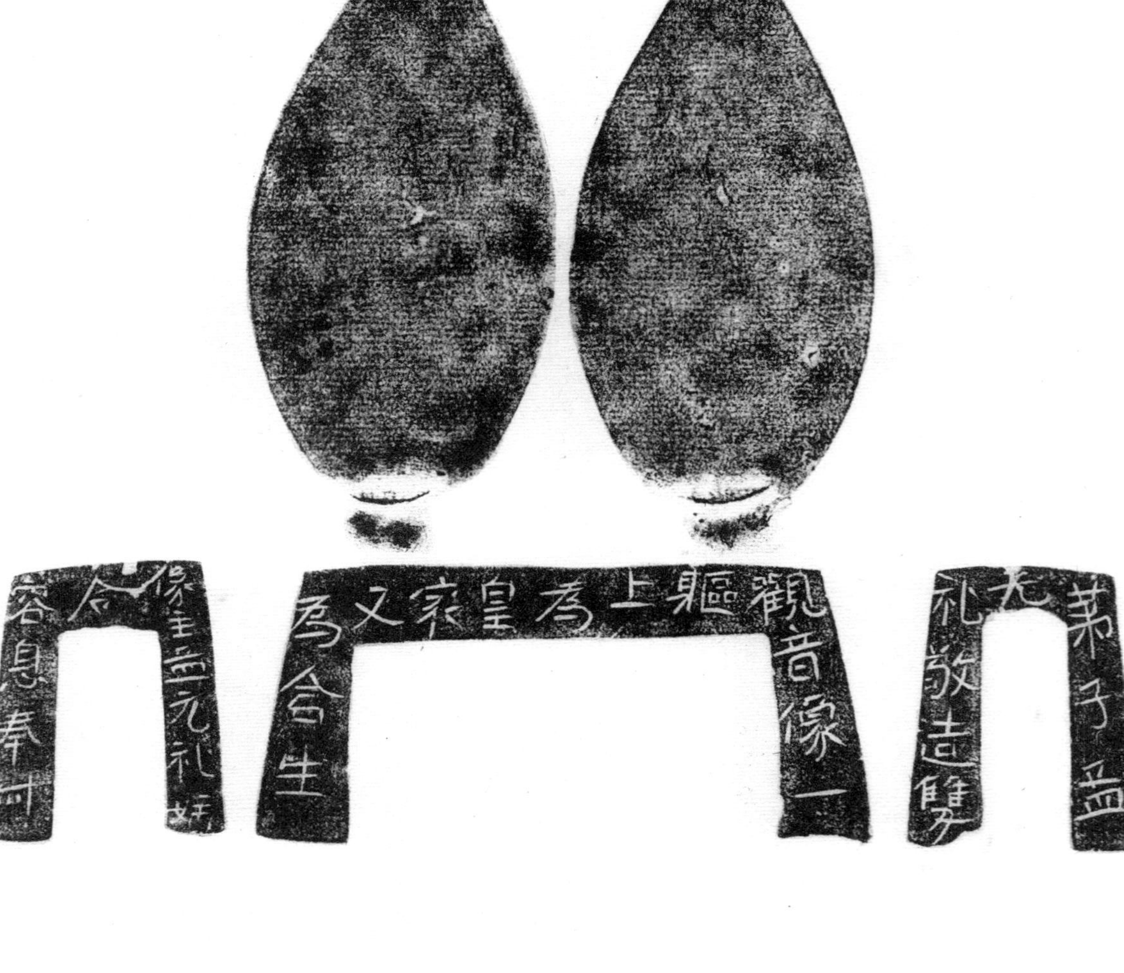

弟子孟
光礼敬造雙
觀音像一
軀上為皇家又
為含生
像主孟元礼妻
含
容息奉何

大業三年四月三日
為荊黑兒弟二
仁造像一區保

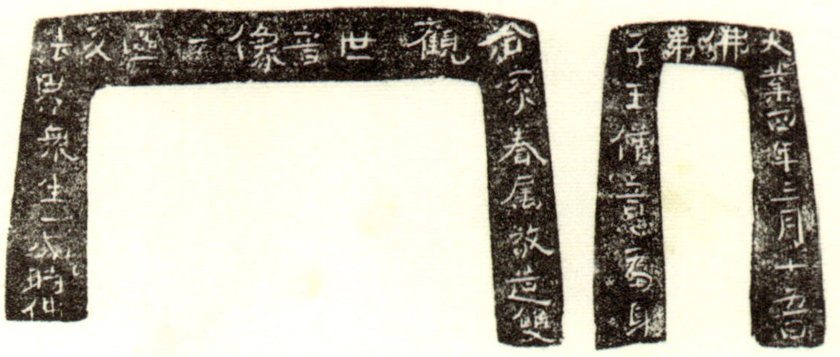
大業四年三月十五日
佛弟子王僧意爲身
合家眷屬敬造雙
觀世音像二區
法界衆生

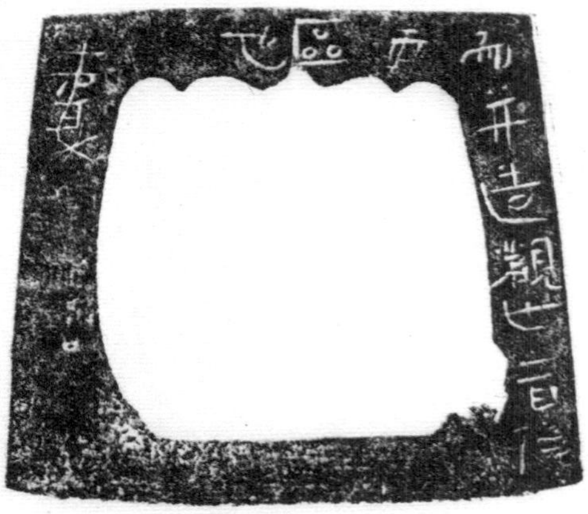

德二年
寺沙門
弟子李宗海
及魚常侍等

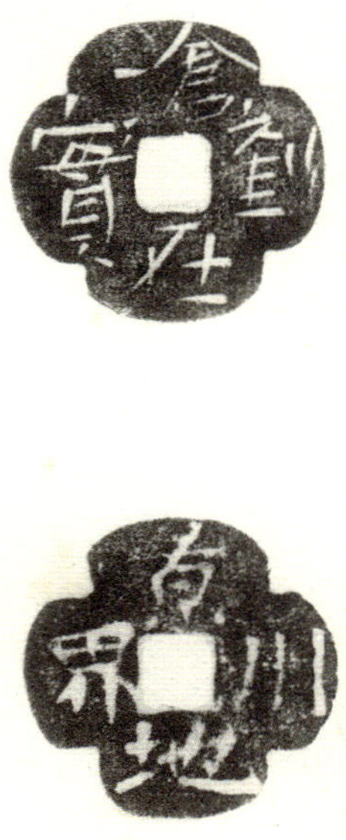

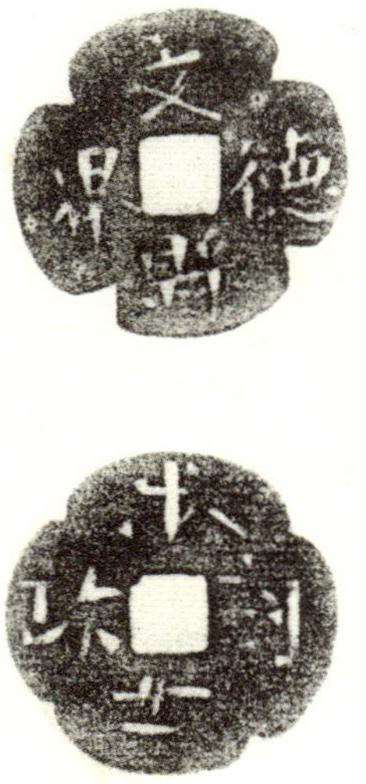

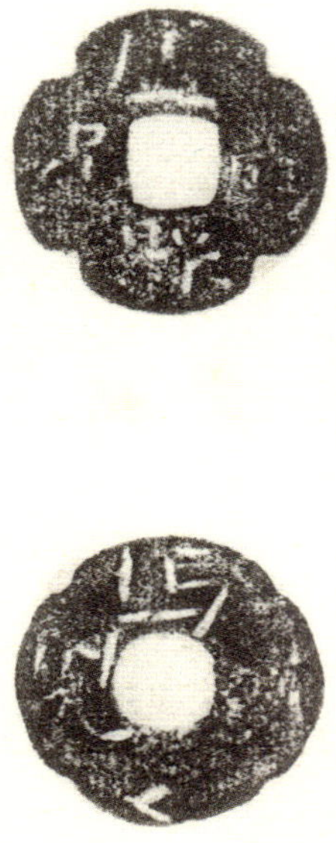

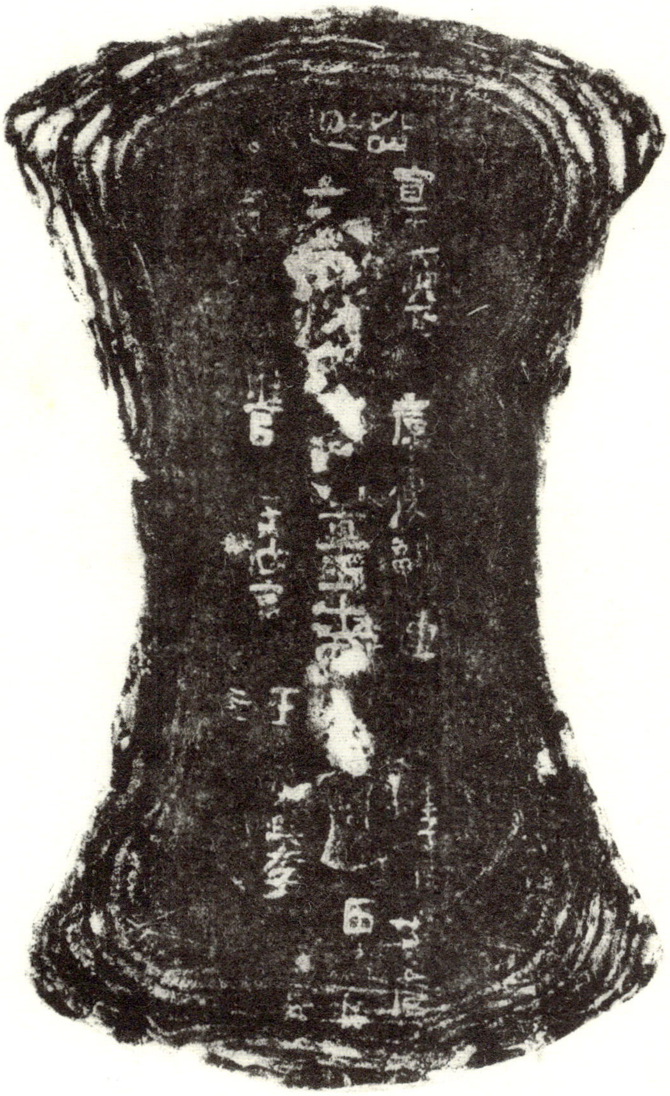

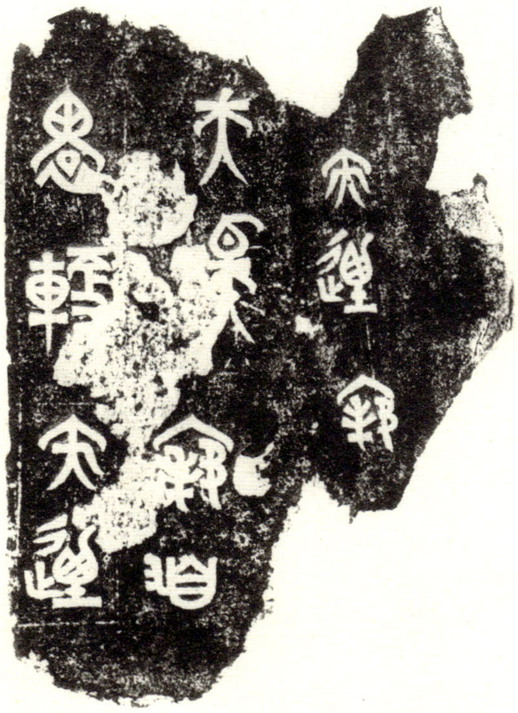

梁州都督府
臣沈宇
臣楊洽直
議大夫使持節都督梁州諸軍事守梁州刺史上柱國臣

紹聖貳年叁月拾肆

附録　大雲書庫故址攝影◀

本頁五圖爲羅振玉旅順故居大雲書庫故址現狀。保護狀態堪憂，急盼恢復利用。鄭伯象攝於二〇一九年九月九日。

大连市重点保护建筑
MAINLY PRESERVED ARCHITECTURE IN DALIAN
罗振玉大云书库
该建筑建于1931年。日本侵占时期为罗振玉的“大云书库”，当年藏书十余万册。被列为大连市第一批重点保护建筑物。
大连市人民政府
2002年1月

大連市政府列羅振玉大雲書庫故址爲大連市第一批重點保護建築。位於今旅順新市區洞庭街。

本頁下方四圖爲旅順博物館青銅器展館，所展藏品多爲羅振玉舊藏。

一九三七年，羅振玉與家人在旅順合影。中坐老人爲羅振玉，左一爲其五子羅福頤，二人便在此屋編著了《貞松堂吉金圖》。

一九三七年，羅振玉一家三代在旅順羅公館院內留影。老照片上有羅振玉三孫女羅珊標識家人姓名，是珍貴又準確的資料。

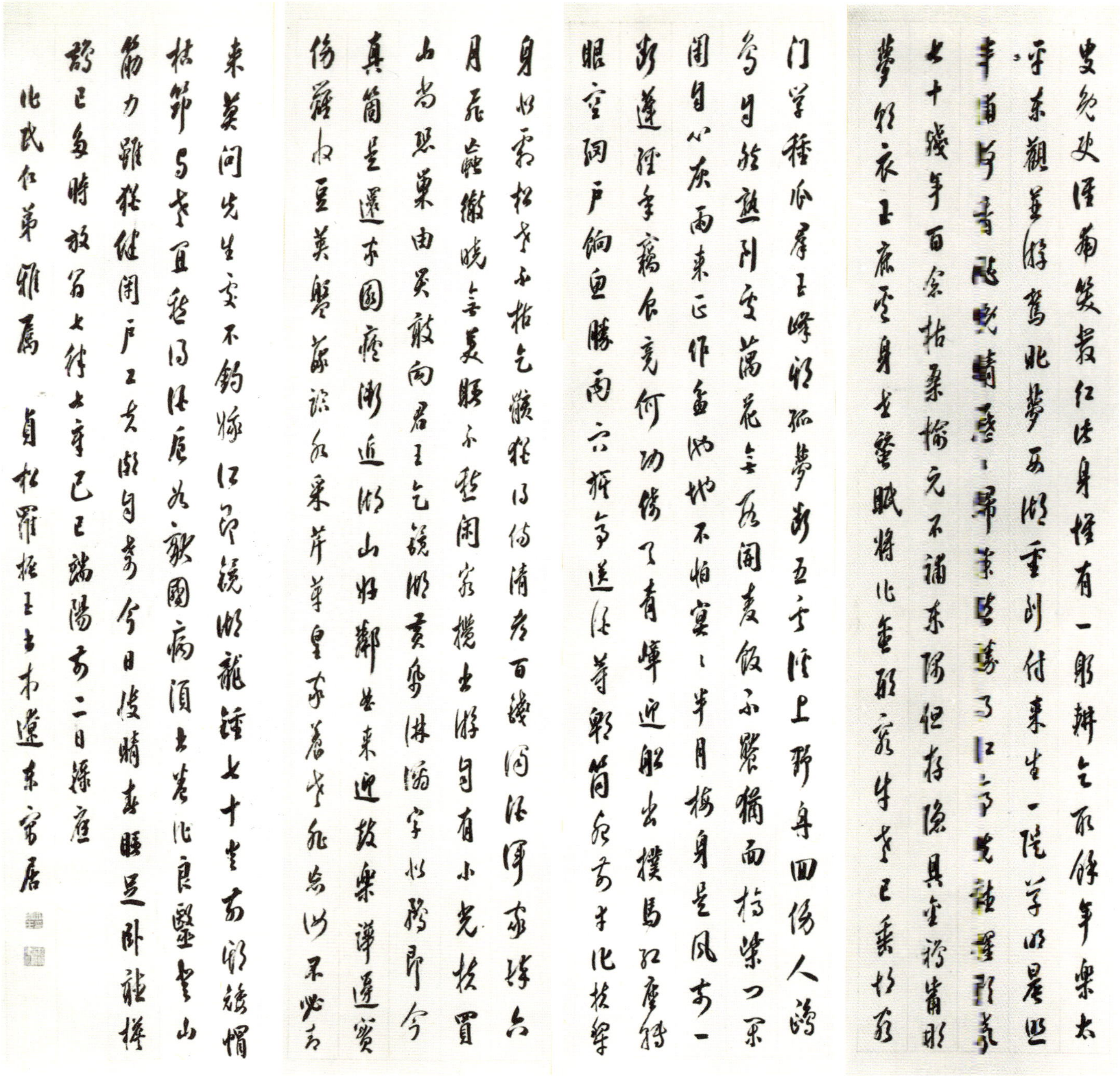

羅振玉居住在旅順時所寫書法作品，落款爲遼東寓居。此時書風保持與居住在天津時相近，兩地居住期間産生了大量羅振玉晚年著作和書法代表作。工作應酬之餘還有大量臨寫碑刻金文的書作，可見用功之勤，這類作品以臨示五子羅福頤的爲至精至最，現藏旅順博物館。

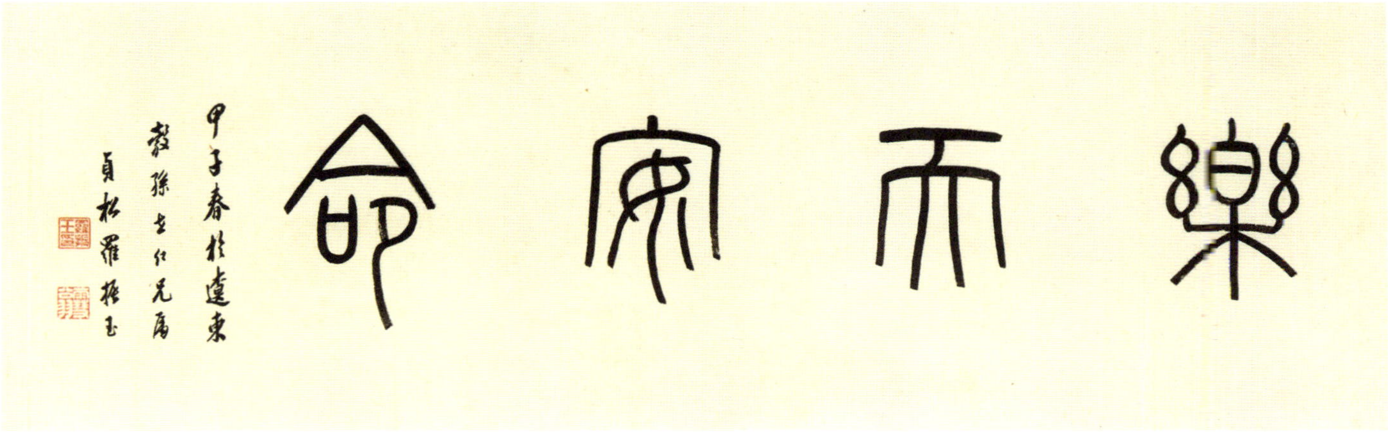

橫幅篆體書作樂天安命，雖是應酬之作，然落筆堅毅，筆調與內容相契，透露出特殊歲月下的人生觀。

圖書在版編目（ＣＩＰ）數據

貞松堂吉金圖·羅振玉藏器：全三册 / 羅振玉，羅福頤編著. —北京 ：國家圖書館出版社，2021.6
ISBN 978-7-5013-7285-0
Ⅰ. ①貞… Ⅱ. ①羅… ②羅… Ⅲ. ①古器物－中國－圖集 Ⅳ. ①K875.02
中國版本圖書館 CIP 數據核字（2021）第 116505 號

書　　名 貞松堂吉金圖·羅振玉藏器（全三册）
著　　者 羅振玉　羅福頤編著
策劃主編 鄭伯象
責任編輯 南江濤　潘雲俠
助理統籌 馮文青
内頁題字 劉　丹
底本收藏 拱極軒
裝幀設計 休休堂圖書設計工作室
顧問律師 熊明威
出　　品 休休文庫
微信客服：xiuxiutangkefu
郵箱：xiuxiutang@yeah.net

出版發行 國家圖書館出版社（100034　北京市西城區文津街 7 號）
（原書目文獻出版社　北京圖書館出版社）
010-66114536　63802249　nlcpress@nlc.cn（郵購）
網　　址 http://www.nlcpress.com
印　　裝 北京建宏印刷有限公司
版次印次 2021 年 6 月第 1 版　2021 年 6 月第 1 次印刷

開　　本 787×1092（毫米）　1/8
印　　數 600 套
印　　張 55
書　　號 ISBN 978-7-5013-7285-0
定　　價 1280.00 圓

休休文庫已出版書籍

- 大鶴山人自用印集
- 瓦存室藏黄牧甫篆刻五十三鈕小譜
- 牧甫印賸
- 鄒城古陶文千品
- 明拓隋智永千文
- 漢晉古甓大觀
- 大鶴山人詞著選影
- 匋齋藏秦漢權度搨冊
- 古印甄初集
- 容庚吳子復遞藏好大王碑舊拓全本
- 楓下清芬：篤齋藏兩罍軒往來尺牘